DE L'IMPORTANCE ET DE LA NÉCESSITÉ

DE LA

PRIÈRE PUBLIQUE

ET NATIONALE

DANS LA SITUATION PRÉSENTE

PAR

M. l'abbé MARQUY,

Du Clergé de Notre-Dame-des-Victoires.

PARIS

Chez l'Auteur, 5, rue Portalès

ET CHEZ M⸢ᵐᵉ⸣ DUBOÉ, LIBRAIRE-ÉDITEUR

RUE LAFEUILLADE, N° 2

1873

DE L'IMPORTANCE ET DE LA NÉCESSITÉ

DE LA

PRIÈRE PUBLIQUE ET NATIONALE

DANS LA SITUATION PRÉSENTE

PARIS. — IMPRIMERIE PILLET FILS AÎNÉ
Rue des Grands-Augustins, 5.

DE L'IMPORTANCE ET DE LA NÉCESSITÉ

DE LA

PRIÈRE PUBLIQUE

ET NATIONALE

DANS LA SITUATION PRÉSENTE

PAR

M. l'abbé MARQUY,

Du Clergé de Notre-Dame-des-Victoires.

———————

PARIS

Chez l'Auteur, 5, rue Portalès

ET CHEZ Mlle DUBOÉ, LIBRAIRE-ÉDITEUR

RUE LAFEUILLADE, N° 2

——

1 8 7 3

Tous droits réservés.

SOMMAIRE DES MATIÈRES

LETTRE

A UN MEMBRE DE L'ASSEMBLÉE NATIONALE,

POUR RÉCLAMER L'INTERVENTION DE LA CHAMBRE

AU SUJET D'UNE DEMANDE DE

PRIÈRES PUBLIQUES EN FAVEUR DE LA FRANCE

Monsieur le Député,

Je me fais un véritable devoir et un insigne honneur de vous lire avec le plus vif intérêt, toutes les fois que nous avons la bonne fortune de vous voir prendre la parole, assuré d'avance que ce ne peut être que pour la défense de la vérité, de la justice et de la religion.

Pénétré aussi des sentiments qui vous animent, et voyant la difficulté des temps où nous sommes, il m'est venu une pensée que je prends la liberté de vous soumettre.

Avec les principes qui vous distinguent, et dont vous faites si noblement profession, j'ose croire que, non-seulement vous la trouverez opportune, mais encore plausible.

Au milieu du marasme dans lequel nous vivons et de l'aveuglement général où nous sommes, il est plus que temps d'avoir recours aux grands moyens qui seuls peuvent nous empêcher de tomber dans l'abîme vers lequel nous courons à pas précipités. En envisageant les choses comme elles sont, il n'est pas au pouvoir des hommes d'arrêter le cours des événements. Ainsi donc, aux grands maux les grands remèdes!

Archimède disait : « Donnez-moi un point d'appui, et je soulèverai le monde! » Les chrétiens et les hommes de conviction comme vous, Monsieur le Député, peuvent affirmer aussi et dire avec plus de raison encore : Employons la prière publique, et nous changerons les décrets divins. Opposons, alors, ce puissant contre-poids aux maux qui nous menacent.

La France est tellement déchue que, par elle-même, nous ne pouvons espérer de la voir se relever. Elle a besoin de l'intervention divine; il est en notre pouvoir de l'obtenir si nous voulons; quelques hommes suffiraient, s'ils voulaient agir avec énergie et avec les moyens dont ils peuvent disposer. Le bras de Dieu n'est pas raccourci. Vous avez la puissance de la parole, Monsieur le Député : n'hésitez donc pas à jeter un cri d'alarme; il est permis au passager d'avertir le pilote distrait ou endormi, lorsqu'il s'aperçoit que le vaisseau qui le porte fait fausse route ou qu'il va heurter contre l'écueil. Les apôtres, eux-mêmes, n'ont pas craint de réveiller le Sauveur lorsqu'ils étaient sur le point d'être submergés au milieu des flots irrités! Pourquoi n'en ferions-nous pas autant, aujourd'hui que nous sommes ballottés par la tempête la plus furieuse que nous ayons jamais éprouvée? Nous laisserons-nous engloutir sans défense et sans pousser un cri de détresse? Est-ce que Dieu a cessé d'exister pour les chrétiens? Ne nous prodigue-t-il pas ses avertissements par toute sorte de moyens et par des signes de tout genre? Et nous ne ferions rien pour le désarmer! Aurions-nous entièrement perdu le sentiment de notre propre conservation, et faut-il s'étonner si ceux qui sont obligés de donner l'exemple sont les premiers à devenir victimes lorsqu'arrive le déchaînement des passions, et que les peuples en furie se ruent sur l'ordre social!

Un marasme mortel s'est emparé de toutes les classes de la société : il n'est pas jusqu'au sel de la terre qui ne soit affadi. C'est en vain que le grand prêtre, représentant de Jésus-Christ sur la terre, s'évertue et nous conjure tous les jours d'élever nos mains vers le ciel, d'où seulement peut nous venir le secours dont nous avons besoin! Sa voix est-elle écoutée dans la mesure des nécessités où nous nous trouvons?

Mieux que personne, Monsieur le Député, vous voyez combien la situation est tendue : Dieu seul, oui, Dieu seul peut arrêter et suspendre les coups de sa justice. Comme vous savez, position oblige; la foi peut transporter les montagnes!

Un illustre Espagnol, Donoso Cortès, s'est fait écouter dans le temps avec attention, en parlant dans une assemblée, quoique peu sympathique, sur la question de *la fin des temps;* pourquoi ne vous écouterait-on pas aussi, Monsieur le Député, si vous parliez sur l'importance de la prière dans la situation désespérée où nous nous trouvons? Faut-il donc se croiser les bras et se laisser aller à l'abîme avec une résignation stupide? Dieu n'est-il pas toujours Dieu, et le Sauveur du monde a-t-il cessé d'être tout-puissant? Aidons-nous, et le Ciel nous aidera!

Depuis quarante ans il tient à notre disposition le salut de la France et de l'Europe, et qu'avons-nous fait pour accélérer sa miséricorde? Nous nous sommes laissé écraser par tous les fléaux imaginables plutôt que de nous coaliser et faire une sainte violence aux décrets divins! N'est-il pas honteux pour des chrétiens d'avoir rendu stériles et d'avoir fait, en quelque sorte, mentir les pressentiments des saintes âmes qui, depuis tant d'années, nous font espérer par des prévisions consolantes la fin de nos malheurs? N'est-ce pas à notre torpeur et à notre affaissement moral qu'il faut s'en prendre de nos déceptions continuelles[1]?

Faites donc jaillir, Monsieur le Député, un rayon de lumière dans l'état de prostration où nous sommes, et Dieu aura pitié de nous en nous faisant comprendre, dans la profonde nuit où nous sommes, l'imminence des dangers au milieu desquels nous nous trouvons, et, si nous ne pouvions détourner les malheurs dont nous sommes menacés et que tout le monde pressent, nous aurions réussi, du moins, à les rendre moins sensibles et moins douloureux.

Vous trouverez peut-être insolite et bien hardi de ma part, Monsieur le Député, que, sans avoir l'honneur de vous connaître, moi, simple prêtre et dépourvu des qualités requises pour m'adresser à un aussi haut personnage, je me sois permis de vous parler si librement. J'avoue que je n'aurais pas osé prendre cette liberté avec tout autre; mais, avec les convictions dont vous êtes animé et avec l'élévation des sentiments qui

---

1. Da mercedem sustinentibus te, ut Prophetæ tui fideles inveniantur, et exaudi orationes servorum tuorum. (Eccl., chap. XXXVI, v. 18.)

vous distinguent, je n'ai pas hésité, dans ma faiblesse et dans mon ignorance, de vous faire connaître ma pensée, persuadé que, loin de vous en trouver offensé, vous voudrez, au contraire, agir dans le sens qui fait le sujet de ma démarche, et que vous voudrez bien, aussi, user des moyens que votre sagesse et vos hautes convictions sauront vous indiquer pour la faire aboutir. C'est le vœu que je forme, en priant Dieu et sa sainte Mère de vous venir en aide et de vous inspirer la force et le courage nécessaires pour accomplir une tâche dont les résultats seront toujours conformes à la gloire de Dieu et aux intérêts de la France.

C'est dans ces sentiments que j'ai l'honneur d'être, avec un profond respect,

Monsieur le Député,

Votre très-humble et très-obéissant serviteur.

L'Abbé Marquy.

Du Clergé de Notre-Dame-des-Victoires, à Paris.

Le 28 juin 1872.

        # DE L'IMPORTANCE ET DE LA NÉCESSITÉ

DE LA

PRIÈRE PUBLIQUE ET NATIONALE

DANS LA SITUATION PRÉSENTE

> La France, quoique affreusement éprouvée, n'est revenue que partiellement à son Dieu; il faut que tout entière elle tombe à genoux...
>
> Comte DE STENAY,
> Auteur de l'*Avenir dévoilé*.

§ I

Il est certain, et on ne peut en disconvenir, que la France se trouve aujourd'hui, comme nation, dans une des situations les plus graves et les plus critiques où elle se soit trouvée depuis qu'elle existe, tant sous le point de vue social que sous le point de vue religieux.

Il est donc d'une nécessité absolue pour elle de faire usage de tous les moyens qui sont en son pouvoir, pour sortir des difficultés inextricables où elle se trouve réduite par les maux qu'elle a elle-même amoncelés sur sa tête. Or, les moyens humains lui faisant défaut, par suite de la division des esprits et de l'anarchie qui règne dans les intelligences, il ne lui reste alors que les moyens d'un ordre supérieur.

De même que, dans l'ordre de la nature, pour soulever une masse de grande proportion, il faut un point d'appui et un levier assez puissant pour la mettre en action, de même aussi, pour agir d'une manière efficace dans l'ordre moral, il faut un point d'appui et un levier analogues pour vaincre et surmonter les obstacles qui s'opposent à la réalisation des résultats qu'on veut obtenir.

§ II

Dans la situation présente, ce point d'appui et ce levier ne peuvent se trouver que dans les moyens surnaturels, c'est-à-dire dans le retour aux saines doctrines par le repentir et par la prière collective, générale, publique, nationale. Tout peuple et tout royaume qui refuse de servir Dieu périra, dit l'Écriture. A une nation coupable comme nation, il n'est pas loisible de laisser à des individualités plus ou moins nombreuses le soin de demander les secours d'en haut. Pas plus que l'individu, le peuple coupable, *demeurant coupable*, ne peut se sauver par procureur ; il faut qu'il agisse par lui-même et qu'il obtienne par ses propres efforts ce qu'il a perdu par ses propres fautes. Telle est la loi à laquelle il se trouve soumis par la volonté de la Providence, ratifiée d'ailleurs et confirmée par les exemples contenus dans les Livres saints.

§ III

L'ordre social et religieux peut se comparer aujourd'hui à une machine privée de son ressort principal. Espérer sans faire ce qu'on doit pour obtenir et mériter ce qu'on désire, c'est compter sur l'impossible et endormir les peuples dans une sécurité menteuse ou les fasciner par un mirage trompeur.

Une confiance qui ne repose sur rien de raisonné pour obtenir un retour à l'ordre et remettre le monde sur ses bases, ne peut satisfaire quelqu'un de sensé ; je dis plus, cette confiance peut devenir même un obstacle et être l'effet d'une pure présomption.

Si nous voulons combler le vide incommensurable que nous avons creusé par nos fautes multipliées à

l'infini et sous tous les rapports, nous ne nous conten-
terons pas seulement de manifestations temporaires et
de quelques neuvaines plus ou moins souvent renou-
velées ; il faut que nos supplications soient proportion-
nées à l'immensité de nos besoins et à l'étendue de
notre culpabilité. Il faut qu'elles soient une réparation
éclatante de l'abandon que nous avons fait, depuis tant
d'années, de la cause de Dieu et de son Église. Il faut
qu'elles nous fassent rentrer dans les principes véritablement conservateurs, qui, seuls, sont la sauve-garde
des nations et des sociétés. C'est là ce qui doit être le
but constant de nos efforts.

§ IV

Dans notre fol orgueil, nous avons eu la prétention
de croire qu'en secouant le joug de l'autorité de Dieu
et de son Église, qu'en ne tenant aucun compte de ses
enseignements et de ses lois, nous allions nous créer le
plus parfait des gouvernements. Pour réaliser ce rêve
impie, nous nous sommes coalisés et nous avons réuni
toutes nos forces pour porter la main sur la pierre an-
gulaire qui soutient le monde social et le monde religieux. Pour mieux constater la responsabilité d'un

chacun à cet égard, on dirait que Dieu ait permis de nos jours la mise en pratique du suffrage universel pour que cet instrument de ruine, dont nous nous servons depuis longtemps pour échapper, en quelque sorte, à l'action directe de la Providence, devînt la preuve la plus évidente de notre culpabilité dans les déceptions continuelles auxquelles nous ne cessons de donner occasion ; car il est plus qu'avéré aujourd'hui que tous nos désastres et tous nos malheurs ne viennent que de nous-mêmes. Par le mandat que nous avons donné à ceux que nous avons chargés d'agir en notre nom, nous avons tous contribué à la position que nous nous sommes faite. Après cela, la France entière peut-elle raisonnablement décliner la responsabilité qui pèse sur elle? Peut-elle se montrer impassible au milieu des dangers où elle se trouve par suite de l'énorme attentat dont elle s'est rendue coupable? Si, du moins, elle pouvait alléguer que ce n'est là que le fait de celui qui s'est mis à sa tête, ou seulement de la trahison de quelques-uns de ses membres, elle pourrait, jusqu'à un certain point, prétendre à quelque indulgence; mais, nous aurons beau nous en défendre, directement ou indirectement, par action ou par omission, nous avons tous travaillé à démolir de nos propres mains le trône de saint Pierre et la monarchie légitime. C'est avec notre concours et notre volonté libre que le Souverain Pontife est aujourd'hui prisonnier au Vatican et le roi véritable exilé hors de France!!

§ V

Comprendrons-nous jamais l'étendue d'un pareil forfait, qui n'est autre qu'un sacrilége social? Ne sommes-nous pas en droit, par cela même, de concevoir des appréhensions sur le peu d'efficacité des prières que nous sollicitons de toute l'énergie de notre âme? Pouvons-nous nous promettre de fléchir la justice divine par des démonstrations et des actes de piété ordinaires, ou par une pénitence superficielle? Et encore, ces prières, quelles qu'elles soient, présentent-elles les caractères de sécurité et les qualités requises pour les rendre acceptables par le Dieu des miséricordes? Avons-nous répudié les théories antichrétiennes, les systèmes et les opinions insensés qui ont été la cause de nos malheurs et de notre ruine? Ne sommes-nous pas inféodés encore dans les mêmes errements, qui, à tout prendre, ne sont qu'une sorte de profession de foi publique d'indifférence en matière de religion? La France entière, qui, amoindrie et profondément humiliée, devrait être, ne fût-ce que par pudeur, dans le deuil le plus austère et le plus sévère, a-t-elle renoncé, ou du moins mis un frein à ses fêtes, à ses plaisirs, à ses théâtres, à ses réunions mondaines? N'a-t-elle pas plutôt redoublé et renchéri sur son luxe scandaleux en même temps que ridicule? Les cafés, les concerts et tous les lieux publics sont-ils moins fréquentés qu'ils ne l'étaient avant? Et pour ne faire mention que de simples questions de détail, où en sommes-nous avec l'observance des pratiques du culte, sans lesquelles nous ne pouvons raisonnablement prétendre au titre et à la qualité de catholiques? Où en sommes-nous avec la sanctification du dimanche? Comment remplissons-nous nos devoirs les plus élémentaires? Dans les pays réputés les moins mauvais, et chez les familles même les plus honnêtes et les plus régulières selon le monde, on se met à table et on en sort sans même faire le signe de la croix!!

Sans doute, nous demandons des prières et nous en sentons l'extrême besoin; mais, à la manière dont on voudrait en obtenir l'effet, ne dirait-on pas que nous n'avons qu'à nous baisser et en prendre, comme si Dieu devait nous savoir gré d'avoir été obligés de reconnaître notre impuissance avant de recourir à lui? Ne dirait-on pas que nous prétendons être exaucés tout en restant ce que nous sommes et ce que nous avons été? Ne voudrions-nous pas, en quelque sorte, forcer Dieu lui-même à être le complice de nos mauvaises dispositions, en l'obligeant à blesser sa justice pour satisfaire nos injustes exigences et notre insolente présomption?

§ VI

Si nous avions un véritable sentiment de notre immense et profonde culpabilité, c'est le front dans la cendre et la poussière que la France entière, tremblante et à deux genoux, devrait se prosterner, pour espérer de rentrer en grâce avec le Tout-Puissant. Un crime national exige une réparation de même nature, surtout lorsque le crime a été commis, au grand scandale du monde entier, par une nation privilégiée, la fille aînée de l'Église, qui n'a pas craint de porter sa main homicide contre sa propre mère!! Ce crime, il faudra l'expier d'une manière ou d'une autre : ou par une pénitence volontaire, ou par des châtiments épouvantables; voilà le dilemme, le tout est de s'en bien pénétrer. Et qu'on ne crie pas à l'alarmisme. Au surplus, nous ne nous alarmons que de ce qu'on ne s'a-

.larme pas assez en présence de la situation devant laquelle nous nous trouvons!...

Nous savons que les portes de l'enfer ne prévaudront jamais contre l'Église, mais nous savons aussi qu'elles peuvent prévaloir comme ont prévalu la malice et la rage infernale des Juifs contre la vie du Sauveur comme homme. Il n'est pas moins certain aussi que l'Église, en tant que militante, cessera d'exister un jour, pour n'être définitivement et éternellement triomphante que dans le ciel.

La supposition, à jamais désirable, que Rome sera rendue au Saint-Père est subordonnée au triomphe, sinon complet, au moins partiel du christianisme sur la révolution. Espérer cependant ce triomphe simplement par une confiance oiseuse et qui ne reposerait sur rien de raisonné, serait s'avancer beaucoup, et faire craindre que l'événement ne répondît pas à notre attente. D'ailleurs, l'envahissement actuel de Rome est le résultat d'un vaste plan, fortement conçu et préparé de longue main; toutes les nations de l'Europe en sont complices, et la tradition affirme qu'un jour viendra où la puissance de Rome chrétienne cessera pour faire place à la puissance de Rome redevenue païenne. Qui peut nous assurer que nous n'en soyons point là?...

§ VII

Et qu'on ne dise pas que, par de telles idées, on s'expose à jeter le découragement dans les âmes et à semer l'alarme quand, au contraire, il faudrait chercher à faire naître le courage et la confiance au milieu des épreuves que nous subissons. Il y a cette différence entre ce qu'on appelle *alarmistes* et *optimistes*, que la défiance des uns repose sur des motifs raisonnés, et que la confiance des autres ne repose que sur des motifs qui ne le sont pas. Dans ce cas, les véritables alarmistes seraient ceux qu'on appelle optimistes, puisque, par leur fausse confiance, ils alarment à bon droit les sages, et ne rassurent que les insensés ! Sans doute, il faut toujours agir et ne jamais se décourager, quelle que soit la gravité des circonstances où l'on se trouve, mais non toutefois sans mesurer l'étendue de nos forces aux périls contre lesquels nous avons à lutter, et laissant tout à l'action de la Providence.

Les malheurs effroyables auxquels nous sommes soumis, étant le fait de la nation entière, ne peuvent être expiés que par une réparation proportionnée à la grandeur de la faute. Pour que les membres d'un corps puissent fonctionner d'une manière régulière et dans les conditions requises, il est indispensable qu'ils soient unis à la tête, qui en est comme l'âme et le principal mobile. Or ces manifestations, dont on parle tant, ne peuvent nous laisser tout à fait sans inquiétude, car une manifestation vraiment nationale ne peut avoir son effet que tout autant qu'elle est l'expression du sentiment national. Mais peut-on véritablement donner ce caractère à ces manifestations, lorsque ceux qui sont à la tête de la nation et qui, par conséquent, représentent le gouvernement qui la régit, opposent toutes sortes d'entraves pour en empêcher l'effet, et qu'ils encouragent même par leur malveillance et leurs mauvais journaux ceux contre lesquels ils seraient obligés de sévir? Peut-on donner à ces manifestations le nom de nationales, lorsque ceux-là mêmes qui ont mandat pour représenter une fraction du pays sont obligés d'user de mesures de prudence pour ne pas être l'objet du persiflage et des sarcasmes de ceux qui, de fait, constituent la nation? Du reste, quelle que soit l'importance qu'on puisse donner à ces manifestations, toujours est-il que c'est mal raisonner de vouloir conclure du particulier à l'universel.

§ VIII

On ne fait pas assez attention que les temps où nous sommes ne sont pas des temps ordinaires, et que le courage et l'énergie doivent se mesurer à la grandeur des dangers en face desquels on se trouve. Jamais il n'avait été plus nécessaire et plus urgent de mettre toutes nos forces en action, puisqu'il s'agit de la conservation de ce que nous avons de plus cher en ce monde : notre vie, nos foyers et la salvation de nos âmes. Aujourd'hui tout est en jeu, et demain tout peut être en feu.

C'est en vain que les personnes douées de l'esprit de révélation nous font entendre leurs avertissements et les expriment sous toutes les formes ; c'est en vain que des signes de tout genre et attestés de la manière la plus authentique se montrent à nos regards ; rien ne peut nous émouvoir et nous donner une juste idée des malheurs formidables dont nous pouvons être victimes d'un moment à l'autre.

En face de la situation où nous sommes, pense-t-on que quelques milliers d'hommes et de femmes, poussés par leur dévotion particulière, pourront faire équilibre à l'immensité de nos dettes envers la justice divine, et faire pencher la balance du côté de la miséricorde? Il est pénible de le dire, mais nous ne pouvons nous le dissimuler, nous craignons que ces pieux désirs, en dehors de l'hypothèse du miracle, ne soient une illusion semblable à celle d'un homme qui serait enchaîné des pieds et des mains et qui néanmoins se croirait en pleine liberté, ou bien de celui qui voudrait abattre un chêne séculaire avec un canif. On cite l'exemple de Sodome, sans faire attention que cet exemple est un fait et non une loi; que c'est une exception et non une règle; s'il en était autrement, il s'ensuivrait que toutes les fois qu'un certain nombre de justes se trouveraient quelque part, tous ceux qui ne le seraient pas devraient trouver grâce et miséricorde.

§ IX

Quoi qu'il en soit, ce n'est pas à la crainte d'alarmer que nous devons céder, car on ne se rassure que trop; c'est même à la quiétude excessive que nous avons montrée jusqu'ici que sont dus, en grande partie, tous nos malheurs. Dans tous les temps et à toutes les époques de l'histoire, depuis Moïse jusqu'à la venue de Notre-Seigneur, et depuis Notre-Seigneur jusqu'à nos jours, les hommes inspirés, ou non inspirés, qui ont cherché à prémunir leurs contemporains contre les malheurs et les catastrophes qui les menaçaient, ont été toujours considérés comme des exaltés et des alarmistes, souvent même ils ont été bien maltraités à cause de cela, quoique cependant eux seuls aient eu raison, et que leurs avertissements et leurs prévisions aient été justifiés par l'événement. La confiance démesurée dans laquelle nous avons vécu jusqu'ici ne s'est trouvée malheureusement que trop bien démentie par l'expérience des faits accomplis. Les formidables péripéties par lesquelles nous sommes passés, et celles dont nous sommes encore menacés, d'après les conjectures que nous pouvons tirer du présent et de l'avenir, ne sont que de trop justes motifs pour nous tenir en garde là-dessus, et pour nous engager à prendre nos précautions pour ce qui peut nous être encore réservé.

Jamais la parole de l'apôtre saint Paul : *Clama, ne cesses*, n'avait présenté plus d'opportunité que dans les temps actuels. Cette parole devrait être la devise d'un chacun, pour nous exciter mutuellement à prévenir les périls que tout le monde pressent, et que presque personne, cependant, ne cherche à conjurer. Véritablement c'est une honte que de vivre dans une pareille apathie! Au lieu de profiter des moments qui nous restent et de cette sorte de halte et de trêve que Dieu nous accorde, nous nous endormons dans une inaction fatale et dans une confiance qui nous mène à l'abîme! Nos ennemis sont même mieux avisés que nous, car ils pressentent instinctivement tout l'avantage que nous pouvons tirer des prières collectives et nationales; les clameurs et les vociférations infernales qu'ils poussent à ce sujet, et ce qu'ils font pour neutraliser notre action et en empêcher les résultats, sont une preuve évidente que ces démonstrations leur inspirent plus de crainte que nous n'avons d'empressement nous-mêmes à nous acquitter des obligations qu'elles nous imposent en vue d'atteindre le but que nous nous proposons. A leur manière, ils ont sur ce point plus de foi que nous n'en avons, puisque, par l'instinct de leur haine et l'inspiration satanique qui les animent, ils reconnaissent que nous avons des armes puissantes et capables de nous donner la victoire, si nous voulions sérieusement nous en servir. Il n'est pas étonnant, alors, qu'ils emploient tous leurs efforts pour nous les faire tomber des mains. C'est le cas de dire : *Salutem ex inimicis nostris et de manu omnium qui oderunt nos!*

§ X

Ces apparitions si multipliées de la Mère de Dieu, dans les temps où nous sommes, et surtout dans les circonstances présentes, sont sans doute un sujet de grande espérance et une marque certaine de l'intérêt et de l'amour qu'elle nous porte; elles sont pour nous tous un grand encouragement pour nous exciter à réveiller notre foi endormie; mais elles ne sont pas moins aussi un signe et un indice certains de la gravité de la situation où nous nous trouvons. Ce sont des moyens extrêmes et des grâces extraordinaires que Dieu nous fait pour nous rappeler à nos devoirs et nous avertir de nos égarements. Il est à remarquer qu'aux époques de grandes crises et à la veille de grands malheurs, il y a toujours eu des signes et des manifestations dans l'ordre surnaturel, pour avertir les peuples des dangers qui les menaçaient. Ces signes, qui ont leur raison d'être, ne feraient que nous rendre plus coupables, si nous n'en faisions notre profit. L'Auxiliatrice des chrétiens, notre bonne mère, voyant les dangers où nous sommes, et ne pouvant plus retenir le bras de son Fils, se montre, pour nous porter à apaiser son courroux ; elle se manifeste pour nous aider et nous faire comprendre la nécessité où nous sommes de rentrer, par la pénitence, dans les voies du salut. Gare à nous, si ces apparitions et ces faveurs insignes ne nous servent à devenir meilleurs, et si une conversion sincère ne s'opère dans la France entière ! Qu'on nous traite d'alarmiste tant qu'on voudra, nous ne pouvons nous empêcher de voir les choses telles qu'elles sont, et non telles qu'on désirerait qu'elles fussent !

§ XI

Au surplus, ce qui est bien de nature à inspirer de vives inquiétudes et à mettre la terreur dans l'âme, c'est de nous trouver exposés à voir se réaliser d'un moment à l'autre les vœux sauvages et les projets sinistres de cette armée de barbares qui s'appelle l'Internationale, qui n'est elle-même que la résultante de ce qu'on appelle aujourd'hui la Révolution. Mgr l'évêque d'Aire en donne la définition la plus vraie et la plus exacte qu'il soit possible de donner, dans sa superbe lettre pastorale à l'occasion des prières publiques demandées par l'Assemblée nationale. Voici comment il s'exprime :

« Ne croyons pas, nos très-chers frères, que la révolution qui nous menace aujourd'hui soit plus terrible, plus exigeante qu'à son origine : elle ne change pas; car c'est le mal à sa plus haute puissance, c'est *Satan qui fait le tour du monde.* Demandez à la Révolution elle-même ce qu'elle est, et elle vous répondra ce qu'elle dit chaque jour à la France par les cent mille feuilles de ses journaux :

« Je ne suis pas ce que l'on croit. Beaucoup parlent de moi, et bien peu me connaissent. Je ne suis pas le socialisme qui conspire dans l'ombre, ni l'émeute qui gronde dans la rue, ni le changement de la monarchie en république, ni la substitution d'une dynastie à une autre, ni le trouble momentané de l'ordre public. Je ne suis ni le pillage, ni l'incendie, ni le combat des barricades; je ne suis aucun de ces hommes qui ont écrit leurs noms avec du sang dans l'histoire moderne. Ces hommes sont mes fils, ces choses sont mes œuvres, mais ce n'est pas moi. Ces choses et ces hommes sont des faits passagers, et moi je ne passe pas. Je suis la haine de toute société où Dieu pourrait s'attribuer quelque part; je suis la proclamation des droits de la raison contre les droits de Dieu; je suis la religion de la révolte, la fondation de l'état social sur là volonté de l'homme, mais de l'homme qui nie tout droit de Dieu sur la société. En un mot, je suis l'anarchie, car je suis Dieu détrôné et l'homme à sa place. Voilà pourquoi je m'appelle Révolution, c'est-à-dire renversement; car je mets en haut ce qui, selon la loi éternelle, doit être en bas, et en bas ce qui doit être en haut. »

§ XII

Voyons maintenant comment la Révolution justifie cette définition par ses réclamations sempiternelles.

La Révolution a toujours demandé et elle demande aujourd'hui, plus haut que jamais, la destruction de l'ordre religieux existant. Elle attaque sur tous les points et de mille manières : par l'injure, par la calomnie, par le sarcasme, par la violence. Elle appelle le catholicisme superstition, dégradation, esclavage; elle veut tout détruire, afin de tout refaire à sa façon. La Révolution demande la souveraineté de l'homme, dans le but d'opprimer le peuple, à qui elle promet un paradis terrestre au bout d'un chemin semé de fleurs, et qui ne rencontre qu'un enfer terrestre arrosé par un fleuve de boue, de sang et de larmes. La Révolution demande la liberté, c'est-à-dire le laisser-faire en toute chose, sauf à ne rien laisser faire que le mal sans sa permission. Elle demande l'égalité, c'est-à-dire l'abolition de toute autorité, de tout droit, de toute hiérarchie, parce que toute supériorité l'offusque et que toute hauteur rapproche du ciel. Elle demande la séparation de l'Église et de l'État, afin de ruiner l'influence de la première, et afin, surtout, de faire absorber le pouvoir de Dieu par le pouvoir de l'homme, de manière à favoriser sa maxime favorite : L'Église doit être dans l'État et le prêtre dans la sacristie.

La Révolution va maintenant toute seule; elle est devenue populaire. Jamais sa rage n'a été à un plus haut degré de paroxysme. Ses écrivains ne traitent plus le catholicisme comme une erreur purement humaine. Ils le poursuivent comme un ennemi capital; ils le combattent à outrance; c'est une guerre à mort. La Révolution attaque le catholicisme au cœur, en faisant de Rome son enclume où elle frappe ses plus terribles coups. Efforts impuissants! Car l'Église de Rome a des promesses d'immortalité. Mais que deviendra la France, dont les destinées furent de tout temps attachées à celles de Rome, et qui ne peut attendre que malheur du Ciel, si elle ne s'appuie plus sur le rocher immuable de Pierre? La Révolution finira-t-elle par l'emporter dans notre patrie? C'est la question que chacun se pose en frémissant et à laquelle personne ne répond que par un long soupir. C'est pour conjurer ce grand malheur que nos représentants nous demandent des prières. Ils en ont grand besoin pour que le Ciel bénisse leurs efforts et leur fasse adopter les moyens qui peuvent seuls sauver la France et lui rendre sa splendeur première. »

§ XIII

Il y a un axiome dans les sciences naturelles qu trouve ici son application. Il est dit en médecine que les contraires ne peuvent être *combattus efficacement que par les contraires*. D'autre part, il est dit aussi qu'il n'y a pas de loi sensible qui n'ait derrière elle, si l'on peut s'exprimer ainsi, une loi spirituelle dont la première n'est que l'expression visible. Pour mieux dire et rendre plus clairement notre pensée : il n'y a pas d'effet sans cause, et le mal physique n'est que le résultat ou le reflet du mal moral.

Or, il est de fait que dans les temps où nous vivons, on dirait que nous sommes soumis à une sorte d'influence visiblement satanique. Cela est si vrai, qu'on peut le voir démontré en quelque manière, indépendamment des faits dont nous sommes les témoins à cet égard, par le sentiment que traduisent de nos jours certains ouvrages que tout le monde rencontrera, apparaissant aux vitres des libraires avec des titres tels que celui-ci : *Du satanisme dans les temps présents!!*

§ XIV

Déjà l'illustre Joseph de Maistre, dans un chapitre de ses *Considérations sur la France*, nous avait dit, il y a plus d'un demi-siècle, « qu'il y avait dans la Révolution française un caractère satanique qui la distinguait de tout ce qu'on avait vu jusqu'alors. » Sa pensée, qui de son temps pouvait paraître paradoxale, est devenue aujourd'hui si claire et si frappante, et depuis il y a eu, dans ce sens, une telle progression et un tel développement, qu'il y aurait, en quelque sorte, de la naïveté de la part de celui qui élèverait des doutes là-dessus.

Aussi, jamais peut-être le passage de saint Paul : *Non est nobis colluctatio adversus carnem et sangui-*

nem, sed adversus principes tenebrarum harum, n'avait présenté un si grand caractère d'opportunité et d'évidence que dans les circonstances où nous nous trouvons ; car il est plus qu'avéré que, de nos jours, notre lutte est avec l'enfer ; que *la malice des hommes ne suffit plus à expliquer le débordement du mal et la résistance au bien. Ce n'est plus assez des efforts et des industries du zèle et de l'emploi des moyens connus jusqu'ici, il faut cette conspiration exceptionnelle de prières, cet assaut de supplications qui force, pour ainsi dire, le Ciel à sortir des voies ordinaires de la concession de ses grâces pour nous manifester visiblement les effets de sa puissance et de sa miséricorde.*

Nous devons donc répondre au surnaturel du mal par le surnaturel du bien, et proportionner la défense à la grandeur de l'attaque. L'armée des démons et des anges des ténèbres ne tiendra pas contre l'armée des puissances célestes et des anges de lumière, si Dieu les envoie à notre aide.

§ XV

Sans doute, à moins que Dieu ne veuille nous perdre entièrement, la force des choses et l'invincible nature, aidées toutefois par le secours d'en haut, finiront par prendre le dessus et répareront les ruines amoncelées autour de nous ; mais Dieu seul sait à quel prix ! Ce qu'il y a de certain, c'est que les châtiments sont toujours proportionnés à la culpabilité et aux vices des nations, de manière que, lorsqu'il n'y a pas de contre-poids pour faire équilibre, les débordements de crimes appellent toujours les débordements de sang.

On peut même affirmer qu'il en est toujours ainsi, par une loi inhérente à la nature humaine, à laquelle une force expiatrice est essentiellement attachée. Nous sommes d'autant plus coupables aujourd'hui que nous avons abusé du sang du Calvaire, ce que n'avaient pas fait les peuples anciens. Cette loi dont nous parlons est un mystère, sans doute, pour tout homme qui vit en dehors des principes catholiques ; mais, pour le véritable chrétien, elle est une vérité palpable et tout à fait conforme aux simples notions du bon sens.

Il n'y a donc que le retour à la vérité par la prière et par la foi dans les mérites du Sauveur, qui puisse nous soustraire aux maux qui nous menacent. Mais qu'attendre, quand on s'obstine à persévérer dans la mauvaise voie et qu'on néglige d'avoir recours aux seuls moyens qui pourraient nous délivrer ! !

§ XVI

Ce qui justifierait d'autant plus nos craintes à cet égard, c'est notre insensibilité et notre apathie en présence des châtiments et des fléaux de détail dont nous sommes tous les jours accablés, et de cet abrutissement stupide et sauvage qui fait pitié et horreur en même temps; car n'est-il pas incroyable au-delà de toute expression que, dans l'état de détresse où nous sommes, ne sachant, comme on dit, où donner de la tête; privés de tout secours humain; en proie à l'anarchie des partis; en face des dangers les plus imminents et du spectre grandissant du radicalisme et de l'Internationale; et, qui plus est, nous posant en quelque sorte comme les adversaires du représentant de Jésus-Christ sur la terre, par notre adhésion formelle ou tacite à la politique contemporaine, ou à ce qu'on appelle aujourd'hui système de non-intervention et droit nouveau; n'est-il pas, disons-nous, mille fois incompréhensible que nous soyons assez aveugles et assez aveuglés pour ne pas nous émouvoir et pour ne pas chercher à sortir d'une situation aussi déplorable!!

L'expérience nous a pourtant démontré d'une manière assez ostensible que nous faisions fausse route; nous avons essayé de tout, et, en tombant de révolution en révolution, nous sommes devenus comme l'aiguille aimantée qui a perdu le pôle!! Nous l'avons déjà dit ailleurs, persévérer dans les mêmes errements après tant de leçons reçues et après les châtiments qui nous ont été infligés, c'est résister à la face de Dieu même et pécher contre le Saint-Esprit!!!

Nous pourrions mettre un terme à tous nos maux, et chaque jour nous travaillons à les aggraver! Notre commerce est mort, notre industrie est paralysée; la honte et le mépris poursuivent notre nom; la guerre étrangère et la guerre civile ont ruiné notre France; et nous sommes assez lâches et assez ennemis de nous-mêmes pour ne pas courir au seul espoir qui nous reste !

§ XVII

Indépendamment de tous les axiomes et des principes fondamentaux qui gouvernent le monde social, il ne faut pas se faire illusion : si la France ne revient pas sérieusement à Dieu et au christianisme, nous sommes menacés de la République rouge, c'est-à-dire de la république sans Dieu, sans foi, sans loi. L'esprit du mal ne peut être vaincu que par l'esprit du bien. La Commune, et ses organes n'en font pas mystère, n'est pas la comète qui se perd dans l'espace infini; c'est le soleil qui se couche aujourd'hui pour demain resplendir d'un nouvel éclat!! Il n'y a que le repentir, le repentir national, le repentir qui fera abjurer à la France sa politique antichrétienne, ses lois antisociales, qu puisse nous soustraire à tous les maux dont nous sommes menacés et que nous n'éviterons pas, quelle que soit la forme de goúvernement qu'on adopte, car *on ne guérira pas le malade en le changeant de lit*[1].

Le génie du mal, sous le nom de Révolution, a pris un corps gigantesque, et il est puissamment organisé. Il se personnifie dans cette vaste association de l'Internationale, qui n'est rien moins que l'église de Satan et la synthèse du mal!

Quoique nos sympathies naturelles se portent de préférence vers la monarchie légitime, nous ne pouvons nous empêcher de reconnaître cependant que, dans l'état présent des choses, *le prince qui en serait*

---

1. Les passages soulignés appartiennent à l'ouvrage de Mgr Gaume, intitulé : *Où en sommes-nous ?* Ouvrage admirable, sublime ; il devrait être dans les mains de tout le monde !

le représentant ne régnerait pas vingt-quatre heures sans avoir à lutter contre la Révolution, dont il finirait, comme ses pères, par être la victime.

Humainement parlant, la France est inguérissable, non qu'elle ne puisse se guérir, mais parce que, dans la situation où elle se trouve et avec les principes qu'elle s'est inoculés, elle ne voudra pas se guérir.

Croit-on, par exemple, que les répressions qui viennent de frapper les communeux aient éteint la haine et la soif de la vengeance dans leurs cœurs, de manière à les transformer en citoyens honnêtes et soumis?

Croit-on que les coups terribles qui viennent de meurtrir la France soient regardés par le grand nombre comme des fléaux de Dieu, juste salaire de nos iniquités ?

Croit-on que les journaux jusqu'ici indifférents ou hostiles à la religion vont devenir chrétiens; les théâtres moralisateurs; le matérialisme moins dominant; l'amour de l'Église et du prêtre plus sincère et plus pratique; les sociétés secrètes moins actives? Autant croire que le vieux chêne va se redresser et le torrent remonter vers sa source.

Il n'y a que des empiriques ou des aveugles volontaires qui puissent nous promettre un avenir heureux et prospère, sans un retour sincère aux saines doctrines et à la pratique du catholicisme.

§ XVIII

Comment donc sortir de cette impasse ? Aucune combinaison purement humaine ne peut sauver la France. *Vaincue, humiliée, appauvrie, endettée, doit-elle s'abdiquer ? Assurément non. Mais comment se relèvera-t-elle ? A moins qu'elle ne se condamne elle-même à périr, ce qu'à Dieu ne plaise, il faut qu'elle imite l'Église, sa mère, elle aussi dépouillée et abandonnée ; c'est-à-dire il faut que, se repliant sur elle-même, elle cherche sa force, non dans de vains systèmes, mais dans la foi de son baptême. Là, et là seulement est pour elle le moyen de reprendre sa place parmi les nations et de reconquérir sa haute influence.*

Répondre que cela est impossible, autant dire que la France est finie et dire avec le Prophète : « Finis venit, venit finis. »

Savoir qu'on a besoin du secours de Dieu ne suffit pas : il faut l'implorer. Comment l'implorer pour l'obtenir? Publiquement et le repentir dans le cœur. Si l'homme est assez faible pour se perdre, il n'est pas assez fort pour se sauver.

§ XIX

Des supplications publiques, expression sincère du repentir national, voilà, pour la France, le premier pas dans la voie de la restauration sociale. Quelque habiles qu'ils se prétendent, les hommes-pouvoir, c'est-à-dire les électeurs et les élus, ne seront jamais que des tisserands de toile d'araignée.

Il est dit dans le saint Évangile : « Cherchez d'abord le règne de Dieu et sa justice, et tout le reste vous sera donné par surcroît. » Est-ce vers cette vérité fondamentale que sont dirigées nos idées et nos tendances actuelles?

Si, après les terribles épreuves que nous avons subies, nous dédaignions encore, par indifférence, par paresse, par mépris ou par ingratitude, de combler le vide que nous avons fait autour de nous et de solder, par les seuls moyens qui nous restent, nos dettes contractées envers la justice divine, il ne faut pas être un grand prophète pour annoncer des malheurs qui

nous feront tinter les deux oreilles, malheurs dont ceux
que nous avons déjà éprouvés n'auront été, peut-être,
qu'un simple avant-coureur !

§ XX

Mais c'est précisément l'excès du mal dans lequel
nous nous trouvons et l'impossibilité où nous sommes
de pouvoir opposer, par des moyens humains, une
résistance efficace à l'action dissolvante qui nous en-
traîne à l'abîme, qui fait supposer à certains esprits
que Dieu opérera un miracle éclatant pour nous sauver
des périls imminents et du déluge de maux qui sem-
blent suspendus sur nos têtes. Nous le désirons de toute
l'étendue de nos forces ! Mais, de bonne foi, peut-on
l'espérer raisonnablement ? Ne semble-t-il pas, au contraire, que si la toute-puissance divine avait dû favoriser l'humanité d'un si grand bienfait, elle n'aurait
pas attendu jusqu'au moment où nous en serions le
moins dignes ? Serait-ce lorsque nous nous efforçons
par tous les moyens imaginables de combattre Dieu et
de le renier, avec l'obstination la plus impie et la plus
satanique, qu'il exercerait en notre faveur une si grande
preuve de bonté et de miséricorde ? Sans doute, en

Dieu il n'y a rien d'impossible. Cependant on ne peut disconvenir que l'attente de ce miracle n'est ni vraisemblable ni logique. Cette supposition de la part de ceux qui ont cette espérance démontre clairement que nous sommes bien les fils de notre époque ; que nous sommes plus jaloux de nos intérêts propres que de ceux qui regardent la gloire de Dieu et sa justice. Nous prétendons à un miracle de sa part, sans nous préoccuper, de notre côté, si auparavant nous ne lui devons pas une réparation en rapport avec l'étendue de notre culpabilité. Nous nous accommoderions volontiers d'un Dieu inconscient ; pour nous complaire, il devrait se conformer à nos vues ; il devrait n'avoir de puissance que dans l'intérêt de nos désirs et de nos défaillances ; nous voudrions qu'il fût semblable à nous, au lieu de nous rendre nous-mêmes semblables à lui. En un mot, nous consentirions sans peine à ne pas lui refuser nos hommages pourvu qu'il voulût s'abdiquer, ou bien déposer sa justice, pour n'être, nous, que les bénéficiaires de sa bonté et de sa miséricorde !...

Ainsi, selon nous, Dieu devrait dissimuler l'oubli et l'inobservance de tous ses commandements ; ne tenir aucun compte de la profanation du dimanche, des blasphèmes incessants, écrits ou prononcés dans les campagnes comme dans les villes ; du mépris presque gé-

néral des lois du jeûne et de l'abstinence ; de l'abandon des sacrements ; de la multiplicité des théâtres et
des cabarets ; de la popularité des mauvais journaux et
des mauvais livres ; de l'affaiblissement de la foi au
gouvernement de la Providence, qui est tel aujourd'hui
que c'est à peine si on ose dire en public que les fléaux
qui tombent sur le monde sont le châtiment de nos
iniquités. Cet affaiblissement va si loin que nous en
sommes arrivés à admettre, sans sourciller, des effets
sans cause.

Cependant, dira-t-on, on ne peut nier qu'il n'y ait
un retour sensible vers les idées religieuses, et qu'il ne
se manifeste un certain mouvement catholique de nature à inspirer quelque confiance. Nous répondons
que ce mouvement religieux qu'on signale, quel qu'il
soit, ne modifie en rien l'esprit général ; qu'il ne re-
tient pas plus la marche envahissante de la révolution ;
qu'envisagé dans son ensemble, il est moins un motif
d'espérance qu'un sujet de crainte ! Le monde social
cesserait d'exister si un certain contre-poids ne le rete-
nait dans la voie de dissolution dans laquelle il se
trouve lancé. L'excès du mal explique et rend nécessaire le dévouement extraordinaire d'un certain nombre d'âmes, qui luttent avec un courage et une énergie
dignes des premiers siècles du christianisme. Mais,

encore une fois, les masses et le gouvernement en deviennent-ils meilleurs ?

Et pouvons-nous ne pas être terrifiés et glacés d'épouvante en considérant l'insurrection satanique pratiquée contre le pape ; la spoliation complète de ses États ; son emprisonnement en présence de l'Europe qui demeure immobile ? Eh quoi ! le souverain Pontife, le père commun des chrétiens, la clef de voûte de l'ordre social, le représentant de Jésus-Christ sur la terre, privé de sa liberté et devenu le point de mire de la rage des nations en délire, sans protestation efficace de la part de ses enfants et de ceux qui les gouvernent et les dirigent ! ! Pouvons-nous, sans bondir d'indignation, nous tenir tranquilles dans une placidité aussi stupide que déshonorante en face d'un pareil attentat ! ! Lorsqu'on est arrivé à un tel degré d'aveuglement, lorsqu'on s'est obstiné à ne point reconnaître les preuves si éclatantes des bienfaits dont nous avons été comblés ; quand on ne voit dans celui qui en est l'auteur qu'un objet de haine furieuse, on n'est plus digne de voir la lumière, et on ne peut s'attendre qu'à être balayés de la surface de la terre pour faire place à une inondation de barbares, juste châtiment de notre lâcheté et de notre apostasie !...

§ XXI

Saint Paul nous recommande de ne point mépriser les prophéties. Si nous jugeons de cet avertissement par l'indifférence avec laquelle, jusqu'ici, nous avons accepté celles qui nous viennent de divers côtés, nous sommes en droit d'affirmer qne nous ne tenons pas assez compte de cette recommandation.

Quoique leur accomplissement ne corresponde pas quelquefois à notre attente, et qu'il ne soit pas aussi immédiat que nous pouvions le supposer, il ne s'ensuit pas pour cela que nous ne devions y ajouter foi. En dehors même de l'esprit prophétique proprement dit, généralement les événements prévus ou prédits par les bons esprits ont toujours tôt ou tard leur accomplissement. Ceux-là mêmes dont nous avons eu tant à souffrir, ne l'ont-ils pas été dès longtemps d'avance par des personnages auxquels on ne peut s'empêcher de reconnaître une certaine intuition divine ? Les de Maistre, les Bonald, les Chateaubriand, les Donoso Cortès, ne nous ont-ils pas annoncé dès longtemps d'avance tout ce qui nous arrive et tout ce qui est en train de se préparer ?

§ XXI

Le testament de Pierre le Grand[1], empereur de
Russie, devrait être constamment devant nos yeux et
être l'objet des méditations de nos hommes d'État. Il
n'est que la mise en scène de tout ce qui en fait le con-
tenu. Il faut que nous soyons frappés de vertige ou d'un
incroyable aveuglement pour ne pas nous émouvoir de

1. « Le grand Dieu, de qui nous tenons notre existence et notre cou-
ronne, nous ayant éclairé de ses lumières et soutenu de son appui, me
permet de regarder le peuple russe comme appelé, dans l'avenir, à la
domination générale de l'Europe. Je fonde cette pensée sur ce que les
nations européennes sont arrivées à un état de vieillesse voisin de la
caducité, ou qu'elles y marchent à grands pas; il s'ensuit donc qu'elles
doivent être facilement et indubitablement conquises par un peuple jeune
et neuf, quand ce dernier aura atteint toute sa force et toute sa crois-
sance. Je regarde l'invasion des pays de l'Occident par le Nord comme
un mouvement périodique arrêté dans les desseins de la Providence, qui
a ainsi régénéré le peuple romain par l'invasion des barbares..... J'ai
trouvé la Russie *rivière*, je la laisse *fleuve;* mes successeurs en feront
une grande mer, destinée à fertiliser l'Europe appauvrie, et ses flots
déborderont malgré toutes les digues que des mains affaiblies pourront
leur opposer, si mes descendants peuvent en diriger le cours. »
Testament de Pierre le Grand envoyé à Louis XIV par l'ambassadeur
de France à Saint-Pétersbourg. (Voyez l'*Echo français* du 20 février
1844.) — On est effrayé en lisant les exécutions testamentaires du fondateur de la Russie et de la fidélité avec lesquelles ses successeurs les
accomplissent.

la marche que ce puissant génie a tracée et du plan qui s'exécute sous nos yeux, et dont nous sommes les témoins et les victimes. Bientôt les Cosaques seront à Paris et nous trouveront à discuter sur la forme de gouvernement à laquelle nous prétendons nous soumettre, comme faisaient les Grecs à Constantinople avec leurs querelles religieuses, quand la flotte de Mahomet II assiégeait leur ville.

Les successeurs du fondateur de l'empire de Russie ne prendront pas seulement la peine d'exécuter le programme qu'il a laissé écrit avant sa mort. Guillaume et Bismark lui en aplaniront les difficultés : par suite du traité secret, qui ne l'est plus aujourd'hui, et qui existe entre les deux puissances, ne peut-on pas affirmer que la Prusse a été l'avant-garde du plan conçu par le grand autocrate ? Tout porte à le supposer. Les aberrations de la politique des puissances de l'Europe et l'esprit de division qui règne au milieu de nous ne contribueront que trop à en accélérer la marche.

Nos craintes à ce sujet ne peuvent être que trop bien justifiées, car on lit dans le *Morning Post* du 9 mars 1871 : « Nous tenons d'une source à laquelle nous pouvons ajouter foi, qu'au début même de la guerre entre la France et la Prusse, les relations entre les gouvernements de Saint-Pétersbourg et de Berlin ont pris la forme définitive d'un traité secret composé de trois articles :

« Le premier avait trait à l'intervention armée de la Russie, en cas de succès des armées françaises, menaçant la tranquillité de la Pologne.

« Le second portait que, le cas échéant où l'Autriche ferait quelque démonstration militaire d'une nature alarmante pour la Prusse, des démonstrations de même nature seraient immédiatement faites par la Russie, qui enverrait un corps d'armée sur la frontière autrichienne dans le but de paralyser ou de dominer l'action militaire de l'Autriche.

« Le troisième stipulait que, dans le cas où quelque puissance européenne se joindrait à la France en qualité d'alliée active, la Russie à son tour, en qualité d'alliée déclarée de la Prusse, déclarerait la guerre à la France. »

§ XXIII

Nous n'avons aujourd'hui que le mot de liberté à la bouche. Or, savons-nous seulement ce que c'est que la liberté? Avons-nous une véritable idée de ce mot, qu'on entend prononcer de tous côtés par les hommes de tout âge, de tout rang et de toute condition, par les femmes même et par les enfants?

La liberté, qui ne devrait être que la faculté de faire librement tout ce qui est bien et de mettre en pratique le précepte de l'Évangile : *Ne faites pas à autrui ce que vous ne voudriez pas qui vous fût fait,* ne consiste pour la grande majorité des hommes des temps actuels que dans la transgression de ce divin précepte.

La liberté, c'est le respect des droits d'un chacun; c'est la bonté, c'est la bienveillance, c'est l'amour et le respect de ses semblables, c'est l'exercice de toutes les vertus; en un mot, c'est la mise en pratique des commandements de Dieu et de l'Église. Voilà la pure acception du sens de ce mot sacré de liberté.

Est-ce ainsi qu'il est entendu de nos jours? Pour le grand nombre, n'est-ce pas la spoliation, le massacre et l'incendie? N'est-ce pas le droit à tout ce qui est mal, la résistance à tout ce qui contrarie nos mauvais instincts?

Dieu ayant créé l'homme à son image et ressemblance, il s'ensuit que c'est dans l'essence de Dieu même que nous pouvons trouver la véritable liberté. Dieu étant essentiellement bon et essèntiellement libre, il est évident que plus nous nous rapprocherons de ses divines perfections, plus nous participerons à la vraie liberté; comme aussi, plus nous nous écarterons de ses préceptes en suivant nos mauvais penchants, plus nous deviendrons esclaves de nous-mêmes et esclaves de nos semblables, même dans l'ordre temporel.

Quoi qu'on dise et quoi qu'on fasse, la véritable liberté ne peut consister que dans la pratique de tout ce qui est bien et dans la fuite de tout ce qui est mal. Les enseignements et les principes catholiques en sont exclusivement les dépositaires.

§ XXIV

Le bien et le mal sont mêlés dans le monde, et si la victoire du *mal* sur le *bien* se fait naturellement et par notre faute, le triomphe du *bien* sur le *mal* se fait par le secours divin. Sur chacun de nous, il se fait par la grâce, qui est le miracle individuel; et sur les peuples et les sociétés, il se fait par les catastrophes et le fracas du tonnerre, comme dit Donoso Cortès.

Entre le salut des sociétés et celui de l'homme, il y a cette analogie : que tous les deux s'opèrent par un miracle. Dans l'homme le miracle est ordinairement intérieur et invisible, tandis que dans la société il est extérieur et pour ainsi dire palpable. Dieu parle à l'homme sans bruit, et aux sociétés par des fléaux épouvantables. Nous en avons fait la triste expérience.

Dans un temps où un voile si épais s'est formé sur l'entendement humain qu'il ne se rend plus à l'évidence, et où l'on n'a foi, en quelque sorte, qu'aux démonstrations mathématiques, il nous semble que rien n'est plus propre que ces raisonnements à nous faire sentir la nécessité où nous sommes d'avoir recours à l'intervention divine par la prière collective et générale, pour échapper aux malheurs suspendus sur nos têtes.

Nous sommes d'autant plus intéressés à nous pénétrer de ces vérités que tout est à la crainte et rien à l'espérance, à moins que par un miracle que nous ne sommes pas en droit d'attendre, Dieu, sortant de la conduite ordinaire de sa providence, n'intervienne dans sa puissance et dans sa miséricorde infinies !

§ XXV

La République, telle qu'on l'entend aujourd'hui, n'est autre chose que la liberté du mal et la haine de toute autorité, mais surtout de l'autorité religieuse. C'est la négation de la chose publique, de l'intérêt de tous; c'est la révolte d'un parti contre l'ordre public, contre les lois traditionnelles qui font le bonheur et la grandeur de tous. En un mot, la République n'est que l'incarnation de l'égoïsme et de l'orgueil. Elle ne sera jamais autre chose en France, où elle ne pourra jamais s'implanter, à moins que ce ne soit comme un fléau et un châtiment pour la nation. Elle n'y paraîtra toujours que comme un ouragan, jamais comme un gouvernement sage et régulier. Nous savons tout ce qui en est arrivé chaque fois que nous avons voulu en faire une nouvelle expérience. Outre le mépris et le dédain que nous nous sommes attirés des autres nations, cette forme de gouvernement nous a complétement isolés, et nous a rendu toute alliance impossible; bien plus, elle nous expose à devenir la proie des États voisins, qui nous épient et qui n'attendent que le moment propice pour tomber sur nous et se partager la France. Déjà plusieurs avertissements nous ont été donnés; la Providence, par les événements dont nous avons été, en maintes circonstances, les témoins et les victimes, nous a fait ses sommations; prenons garde que les crises dont nous avons tant à souffrir aujourd'hui ne soient, en quelque manière, une sorte d'*ultimatum!*

Ce qui donne à la République tant d'attraits et de

puissance, c'est qu'elle fait entendre à la masse du petit peuple qu'il sera comme les riches et les bourgeois ; aux bourgeois, qu'ils seront comme les nobles ; aux nobles, qu'ils seront comme les rois, et aux rois, qu'ils seront comme des dieux. C'est toujours l'histoire de nos premiers parents. C'est le serpent infernal, le tentateur suprême qui a toujours réussi à séduire les faibles mortels, pour les rendre les imitateurs de son envie et de son orgueil.

§ XXVI

Si on considère la République du côté le moins repoussant, et comme l'entendent les soi-disant conservateurs, qui la regardent comme un mode de gouvernement non-seulement plus en harmonie avec la dignité de l'homme, mais encore comme supérieur et préférable à tout autre, on ne peut s'empêcher de reconnaître qu'elle s'affirme par un affaiblissement sensible pour l'autorité en général, et par une recrudescence et un rédoublement d'ambition pour tout ce qui a rapport à l'empire qu'on veut exercer sur les autres. Dans ce sens, l'on peut dire en toute certitude que la République est dans toutes les classes de la société sans exception. Aussi, déjà avant la Révolution française, les hommes sages n'ont pas manqué de remarquer que l'émancipation des jeunes générations, au sujet du respect des anciennes traditions et des égards qui étaient dus au droit d'aînesse et à tout ce qui s'y rapporte, était d'un funeste présage pour l'avenir de la société ; car on a toujours pensé que les peuples les mieux civilisés ont été ceux où l'âge et l'ancienneté étaient le plus en honneur, et où les divers degrés qui en sont la manifestation étaient aussi le mieux observés. L'âge et la vieillesse sont aujourd'hui un privilége que notre siècle croit avoir aboli après tant d'autres. Dans les temps où nous sommes, nous vivons dans un monde renversé. Depuis 1830 surtout, les effets de cette perturbation sont devenus de plus en plus sensibles, à un tel point que tout le monde est à même d'en faire la remarque. Cette outrageante anomalie est même passée dans nos mœurs. Tout ce qui est ancien et qui confine à la vieillesse est mis impitoyablement de côté pour faire place à de jeunes imberbes, qui remplissent les attributions qui leur sont dévolues avec une importance d'autant plus déplacée qu'elle est moins en harmonie avec leur âge, dont cependant la modestie et le respect envers les anciens devraient être les qualités principales et le caractère distinctif. On croirait, aujourd'hui, déroger à sa dignité et compromettre son autorité en se montrant poli et honnête envers ses inférieurs, ou ceux qu'on regarde comme tels. Le moment est arrivé où l'on peut bien dire qu'un jour viendra où les premiers seront les derniers et les derniers seront les premiers. Un tel état de choses, quoique reconnu et admis aujourd'hui à peu près partout, ne peut produire, dans un temps plus ou moins long, que l'abaissement des caractères et l'amoindrissement de la liberté et de la dignité d'un chacun. Cette décadence et cette tendance à ne tenir aucun compte de ce qui, jusqu'ici, a été regardé comme la base et la sauvegarde de la civilisation et de l'ordre social, sont une indication plus que probable que nous marchons d'une manière accélérée vers la préparation du règne du représentant par excellence de la force matérielle, sous lequel devront plier toutes les résistances, même les plus légitimes. On dirait, à cet égard, que les générations actuelles veulent, en quelque sorte, se dédommager de ne pas être arrivées assez tôt, ou qu'elles veulent escompter le temps dont elles disposent, comme si elles pressentaient qu'il va bientôt leur manquer. Il en est de cela comme des fruits de la terre à l'époque de la récolte; ce qui est venu plus tard comme ce qui a été trop précoce, tout mûrit et fournit son contingent quand le temps de la maturité est arrivé.

Si on a tant d'aversion et d'horreur pour la monarchie héréditaire et légitime, ce n'est que parce qu'elle représente naturellement l'autorité en principe et qu'elle prescrit la soumission de la raison de l'homme aux préceptes et aux ordonnances de la volonté divine. La République qu'on voudrait établir est essentiellement destructive; si elle pouvait durer, elle nous mènerait droit à l'anéantissement de la nation.

M. de Bismark, cet ennemi si acharné de la France et de son influence, le comprend si bien, qu'il disait à Francfort qu'il n'était pas opposé à la République en France, à la condition qu'elle ne chercherait pas à se développer ailleurs. En effet, il pense que la République ne pourrait que ruiner encore davantage, la France.

« La monarchie légitime, ajoutait-il, concentrerait autour d'elle les intérêts conservateurs de la France; elle deviendrait une force sociale avec laquelle nous aurions à compter, car elle prendrait pour base la restauration de ce que la France appelle sa nationalité. C'est là un des événements qu'en politique il ne faut pas attendre, mais savoir prévenir. » (*Univers*, octobre 1871.)

Il est pénible et même honteux pour nous, Français, de voir que nos plus cruels ennemis comprennent mieux que nous-mêmes où devraient se trouver nos véritables intérêts.

§ XXVII

L'évangile du premier jour des quatre-temps de septembre, pris dans le 9ᵉ chapitre de saint Marc, où il est question d'un possédé sourd-muet, présente une telle analogie avec la position où se trouve aujourd'hui la France, que nous ne pouvons nous empêcher de le citer ici. Le lecteur pourra juger par lui-même de cette analogie, et voir si les quelques réflexions que nous nous permettons à la suite n'ont pas quelque chose de fondé.

Évangile selon saint Marc, chap. IX, verset 16.

En ce temps-là, un de la troupe dit à Jésus : Maître, je vous ai amené mon fils qui est possédé d'un esprit muet ; en quelque lieu que le démon s'empare de lui, il le jette par terre ; et l'enfant écume, grince les dents, et il en dessèche. J'ai prié vos disciples de le chasser, et ils n'ont pu le faire. Jésus leur répondit : Nation incrédule, jusqu'à quand serai-je avec vous ? jusqu'à

quand vous souffrirai-je? Amenez-le-moi. Ils l'ame-
nèrent, et dès qu'il eut aperçu Jésus, il fut fort agité
par le démon, se jeta par terre et se roula en écumant.
Jésus demanda au père du possédé : Combien y a-t-il
que cela lui arrive? Dès son enfance, dit le père; et le
démon l'a souvent jeté· dans le feu et dans l'eau pour
le faire périr.. Mais si vous y pouvez quelque chose,
ayez pitié de nous, et secourez-nous. Si vous pouvez
croire, lui dit Jésus, tout est possible pour celui qui
croit. Aussitôt le père de l'enfant s'écria les larmes aux
yeux : Je crois, Seigneur; fortifiez mon peu de foi.
Alors Jésus voyant le peuple venir en foule, menaça
l'esprit immonde et lui dit : Esprit sourd et muet, sors
du corps de cet enfant et n'y rentre plus; je te le com-
mande. Le démon en sortit, jetant de grands cris, et
s'agitant avec beaucoup de violence; et l'enfant de-
meura comme mort, en sorte que plusieurs disaient :
Il est mort. Mais Jésus le prenant par la main lui aida
à se lever; et l'enfant se leva. Lorsque Jésus fut entré
dans la maison, ses disciples lui demandèrent en particulier : Pourquoi n'avons-nous pu chasser ce démon?
Ces sortes de démons, leur dit-il, ne peuvent être
chassés par nulle autre voie que *par la prière* et *par le
jeûne.*

§ XXVIII

Il n'y a pas un mot dans cet évangile qui ne puisse s'appliquer à la situation où se trouve aujourd'hui notre pauvre France. Sous quelque point de vue qu'on l'envisage, ce mauvais esprit la tient enchaînée et la fait *écumer de rage* et *de fureur;* il la tient terrassée, et la laisse se débattre et se dessécher de désespoir et d'impuissance. C'est en vain que nous nous adressons à ceux qui la gouvernent pour la délivrer, ils ne peuvent absolument y réussir, malgré tous leurs efforts et l'emploi de tout leur génie. L'esprit immonde ne lâchera prise qu'à la voix du grand maître, et lorsque la victime se sera humiliée et qu'elle aura demandé grâce pour les maux qu'elle souffre.

Depuis 89, la France officielle, c'est-à-dire la France représentée par ceux qui sont à sa tête ou qui la gouvernent, semble réellement être frappée de vertige et possédée de tous les maüvais esprits. Dans les constitutions et dans les lois qui la régissent, la négation de la foi n'est-elle pas écrite et affichée dans les principes antichrétiens de liberté de conscience, de liberté de la presse, d'égalité des cultes, qu'elle professe et qu'elle entend conserver au prix même de son existence ?

Le matérialisme, l'athéisme, l'indifférentisme, la haine de l'Église et de ses ministres, l'incrédulité sous toutes formes et la négation absolue de tout ce qui jusqu'ici a été regardé comme la base de l'ordre social, ne sont-ce pas, pour elle, les principes sur lesquels elle prétend fonder ses espérances, et les éléments avec lesquels elle veut élever l'édifice qu'elle a rêvé ? Jamais, non, jamais nous n'avions vu notre pauvre patrie enfoncée dans l'incrédulité et dans la boue des intérêts matériels comme nous la voyons de nos jours. En vain Dieu nous prêche par toutes sortes de fléaux, par la voix terrible des éléments déchaînés ; par les malheurs publics et particuliers ; par les maladies des fruits et des productions les plus nécessaires à la vie ; par les phénomènes les plus effrayants ; par les crises et les révolutions incessantes, sans compter d'autres fléaux de détail auxquels on ne daigne seulement pas s'arrêter : loin de nous en émouvoir et de crier merci ; loin de vouloir chasser, par les moyens indiqués par le Sauveur lui-même, l'esprit immonde qui nous possède, nous restons *sourds* et *muets* dans l'obstination la plus désespérante ; on dirait même que nous nous sommes endurcis et fortifiés contre le Tout-Puissant !

§ XXIX

C'est en vain que nous voudrions décliner la responsabilité de la position où nous sommes, pour la faire retomber seulement sur ceux qui nous gouvernent. Nos représentants et nos hommes d'État ne sont pas les seuls coupables; nous le sommes peut-être avant eux; en tout cas, on est toujours puni par où l'on pèche. Nous avons voulu nous gouverner nous-mêmes et nous passer de Dieu en rejetant son intervention; nous avons voulu choisir et élir nous-mêmes nos représentants, nos ministres, nos princes et nos rois, pour mettre de côté et chasser ceux qu'il nous avait donnés. Eh bien ! nous n'avons que ce que nous avons voulu et désiré ! C'est donc à nous qu'il faut nous en prendre, si nous nous trouvons trompés dans nos calculs et nos espérances. Nous raidir contre les résultats auxquels nous avons donné occasion, c'est nous montrer non-seulement inconséquents avec nous-mêmes, mais encore nous rendre injustes envers la divine Providence, qui, pour nous punir, n'a qu'à se retirer et nous laisser faire. Notre désir de nous soustraire à son intervention et nos efforts pour y suppléer par notre seule volonté exprimée par le suffrage universel, démontrent, à notre honte, et de la manière la plus irrécusable, que les déceptions continuelles que nous avons éprouvées, et que nous éprouvons tous les jours, ne sont le résultat que de notre propre ignorance et de nos propres folies. Il en ressort une fois de plus, contre nous, la vérité de cet oracle de l'Écriture : *Ut justificeris in sermonibus tuis et vincas cum judicaris.*

Qu'avons-nous obtenu de tous les empiriques et de tous ces diseurs de belles phrases qui, depuis près d'un siècle, nous bercent sans cesse d'un bonheur illusoire ? A quoi nous ont servi tous les systèmes et toutes les utopies de leur imagination en délire ? Où en sommes-nous après tous les renversements et toutes les révolutions dont ils nous ont dotés ? Les malheurs et les désastres qu'ils nous ont occasionnés ne devraient-ils pas nous couvrir de honte et de deuil ! Pouvons-nous, après de telles humiliations, avoir le courage de nous montrer dans les spectacles et dans les divertissements publics ? Pouvons-nous rechercher les amusements et les fêtes, en affectant un luxe scandaleux et ridicule en même temps, quand la patrie est amoindrie et écrasée sous le poids d'une dette incalculable ? Pouvons-nous

nous dire Français, dans le vrai sens du mot, et ne pas avoir le cœur serré de douleur ?

Les terribles leçons et les formidables avertissements qui nous ont été donnés ne doivent-ils pas nous persuader et nous convaincre que persévérer encore dans nos errements, c'est vouloir non-seulement abuser de la longanimité du Tout-Puissant, mais encore vouloir provoquer et attirer sur nous et sur la France entière ses foudres vengeresses ?

§ XXX

Nous sentons instinctivement que nous avons besoin d'un secours exceptionnel et surhumain, et la preuve en est dans ces manifestations qui surgissent aujourd'hui de divers points de la France. Ces nombreuses et touchantes réunions, ces magnifiques pèlerinages sont sans doute, dans nos angoisses présentes, un grand motif d'espérance et de confiance, mais ils sont aussi, et on ne peut se le dissimuler, un signe ostensible et significatif des craintes et des dangers qu'inspire la situation où nous sommes. Seront-ils assez puissants pour faire équilibre à nos iniquités ? Pouvons-nous les regarder comme l'expression d'un repentir national et d'un retour sincère à la voix du Seigneur? N'avons-nous pas à craindre qu'ils ne soient encore insuffisants, si nous ne nous empressons de joindre, *sérieusement*, nos efforts et nos supplications à celles de notre saint et incomparable PIE IX, qui, par son courage et son héroïsme, soutient à lui seul, en quelque sorte, l'édifice social tout entier; n'avons-vous pas à craindre, disons-nous, d'être ensevelis et précipités tout à fait dans l'abîme ouvert et béant devant nous, et dans lequel nous tomberons infailliblement si Dieu ne nous tend une main secourable?

Il n'est que temps de nous exciter et de réveiller en nous le peu de foi qui nous reste encore, pour tâcher de correspondre aux grâces multipliées et exprimées sous toutes les formes qu'il ne cesse de nous prodiguer, et dont jusqu'ici nous n'avons pas tenu assez compte. Hâtons-nous d'accepter et de pratiquer sans délai, avec amour et confiance, les actes de pénitence que le Seigneur lui-même nous a expressément indiqués dans son Evangile, comme étant les *seuls efficaces* pour nous délivrer des *fatales influences* qui nous *obsèdent*, et sans lesquels nous nous débattrons en vain et nous serons toujours impuissants pour désarmer sa justice et mériter ses miséricordes.

§ XXXI

Un prince, l'unique rejeton de tant de rois qui ont fait la gloire de notre patrie et le bonheur de nos ancêtres, n'aspire qu'à briser nos chaînes ; son cœur, innocent de nos maux, n'a connu ni la haine ni la vengeance ; tous les hommes, sans distinction d'opinions, qui ont eu le bonheur de le voir et de l'approcher, sont d'accord pour lui reconnaître les qualités les plus éminentes ; il a été pour la France l'enfant du miracle ; Dieu lui-même a pénétré son nom, car il a été appelé en naissant : Dieudonné ! Il a été comblé de tous les dons qui peuvent le rendre l'objet de nos vœux et de notre envie ! Et nous ne prenons aucun moyen pour correspondre aux sentiments dont il est animé à notre égard ! ! Il faut véritablement que nous soyons bien coupables pour que Dieu permette que nous soyons si injustes envers lui ; il faut que notre intelligence ait bien baissé pour méconnaître ainsi les vrais intérêts de la nation, et même les vrais intérêts de chacun de nous en particulier ! Nous avons neutralisé l'espérance même, aussi bien celle des voyants dans l'ordre

politique que celle des voyants dans l'ordre religieux! Tout ce qui avait été annoncé s'est effectué
d'une manière merveilleuse jusqu'à une certaine
époque dont nous ne pouvons avoir perdu le souvenir.
Ce qui reste encore à s'accomplir, dans nos intérêts
et pour le bien de la France, n'est paralysé et arrêté
que par nos fautes et par une absence complète du
sens moral !

Ce jeune prince, qui fait tout notre espoir, et qui
depuis si longtemps aurait pu finir nos malheurs, et
par suite ceux de l'Europe, est toujours éloigné de nous,
et bientôt, loin d'être un jeune prince, il arrivera au
déclin de la vie sans que nous ayons pu ressentir les
effets des promesses dont il est l'objet !

§ XXXII

A qui faut-il s'en prendre, si l'avenir ne tourne pas
dans le sens que nous désirerions, et si ceux qui sem-
blent avoir mission de nous le faire entrevoir n'ont
pas été justifiés, selon nous, dans leurs prévisions ?
N'est-ce pas à notre indifférence et à notre infidélité
religieuse et politique ? et si les Écritures nous font un
devoir de prier pour que les événements annoncés s'ac-

complissent [1], il peut donc arriver qu'ils nous fassent défaut et qu'ils trompent notre attente ? Ils sont donc soumis jusqu'à un certain point à l'action de notre liberté ? Ils peuvent avoir un accomplissement plus ou moins conforme à ce que nous en attendons, selon le degré de nos mérites pour en accélérer l'effet, ou de notre culpabilité pour en retarder et même pour en empêcher la réalisation, surtout lorsqu'ils doivent s'effectuer dans ce que nous espérons de favorable pour le bien de la religion et de la société.

D'où nous pouvons conclure et affirmer que, dans la situation désespérée où nous sommes ; dans l'impasse qui nous enserre ; dans l'impuissance à laquelle nous nous trouvons réduits, par l'impossibilité de faire usage des moyens humains dont nous aurions besoin pour vaincre les difficultés qui nous étreignent, nous ne pouvons éviter de nous soumettre en abjurant nos erreurs, et d'implorer bon gré mal gré, par tous les moyens dont nous pouvons disposer, les secours d'en haut, si nous voulons échapper au glaive vengeur prêt à tomber sur nos têtes ; peut-être même, en nous obstinant dans notre aveuglement et dans notre inconcevable endurcissement, assumerons-nous la res-

1. Da mercedem sustinentibus te, ut Prophetæ tui fideles inveniantur ; et exaudi orationes servorum tuorum. (Eccles., chap. XXXVI, v. 18.)

ponsabilité de l'anéantissement de notre malheureuse patrie, *quod Deus avertat !* Toujours est-il que la Pologne, l'Irlande, les principautés d'Italie et de l'Allemagne, sans compter notre amoindrissement de l'Alsace et de la Lorraine, sont des exemples et des leçons bien propres à nous tenir éveillés là-dessus !

Déjà, au moment où nous traçons ces lignes, on lit dans les journaux du jour que dans le congrès des trois empereurs, qui doit se tenir en septembre prochain, il doit être grandement question de la France ; les politiques d'antichambre ne font pas difficulté d'entrer dans des commentaires dont le démembrement de la France serait l'objet ! Quoiqu'on n'ose l'affirmer d'une manière positive, on fait entendre cependant que la coalition est dès à présent chose faite.

Voilà où nous auront conduits nos aberrations politiques et religieuses, l'opposition systématique des gouvernements envers la cour de Rome, la haine du catholicisme, qui, en termes clairs, n'est autre chose que la guerre de l'homme contre Dieu ! !

FIN

Imprimerie Pillet fils aîné, rue des Grands-Augustins, 5.